BabyStep

Concevoir en toute sérénité

La méthode pour choisir le sexe de son enfant

BabyStep

Concevoir en toute sérénité

La méthode pour choisir le sexe de son enfant

Guide complet pour réussir votre BabyStep en toute sérénité

Pour tous les couples désirant réaliser leurs rêves

Ce livre a été écrit avec attention aux témoignages et aux expériences vécues.

SOMMAIRE

Avant-Propos..4

Les étapes clés pour devenir parents......................7

Comprendre les chromosome X et Y......................11

Test pour l'hormone lutéinisante.............................15

Comprendre l'origine des méthodes de
Planification de la grossesse.................................19

Identifier les signes de fertilité.............................27

Preuve
scientifique...33

Suivre son cycle menstruel.....................................35

Concevoir un bébé en général................................38

Les compléments pour augmenter les chances
de fécondation...42

Concevoir un garçon..44

Concevoir une fille..47

FAQ...53

Application mobile pour suivre cycle d'ovulation.62

La fécondation in vitro..64

Précautions à prendre pendant la grossesse........67

Prendre soin de son bébé après l'accouchement72

Votre corps après un accouchement.....................77

La fertilité après bébé : planification de
votre prochaine grossesse de joie........................80

Calendrier pour noter et suivre vos cycles
d'ovulation...83

Avant-propos

La planification familiale est un sujet important pour de nombreux couples, et il existe de nombreuses méthodes pour contrôler sa fertilité. La méthode babyStep est une méthode de planification familiale naturelle qui augmenter les chances de concevoir un bébé de sexe féminin en utilisant des techniques spécifiques de surveillance de l'ovulation, de positions de rapport et d'alimentation.

Ce livre vise à fournir une compréhension complète de la méthode Conception ciblée : Fille ou Garçon, en expliquant les principes de base de cette méthode et en décrivant les différentes techniques utilisées pour augmenter les chances de concevoir un bébé de sexe féminin. Nous avons inclus des informations sur la façon de suivre et de comprendre son cycle menstruel, ainsi que des conseils pour maximiser les chances de tomber enceinte en général.

Ce livre a pour but de fournir des informations basées sur les expériences vécues, les années de recherche sur les cycles et le fonctionnement chez l'homme et la femme, l'environnement, l'alimentation et la participation de plusieurs couples dans la procréation. Tous les couples ont suivi le programme et ont maintenant des enfants adolescents.

Notre objectif est de fournir des informations complètes sur la méthode Conception ciblée : Fille ou Garçon, de manière à vous permettre de prendre une décision éclairée sur la planification familiale. Nous espérons que les informations contenues dans ce livre vous seront utiles dans votre parcours pour avoir un enfant et nous vous souhaitons tout le meilleur dans votre quête pour devenir parents.

Le sexe d'un bébé dépend de la combinaison des chromosomes de l'ovule et du spermatozoïde lors de la fécondation. Les spermatozoïdes portant un chromosome X produiront une fille, tandis que les spermatozoïdes portant un chromosome Y produiront un garçon.

Actuellement, il existe des méthodes de planification familiale qui peuvent augmenter les chances de concevoir un bébé de sexe féminin ou masculin.

En plus de la méthode Conception ciblée : Fille ou Garçon, il existe d'autres méthodes de planification familiale qui prétendent augmenter les chances de concevoir un bébé de sexe souhaité. Ces méthodes sont :

- La méthode Shettles : qui consiste à avoir des relations sexuelles de préférence pendant la période de l'ovulation pour favoriser la fécondation par les spermatozoïdes portant un chromosome X.

- La méthode Whelan : qui consiste à éviter les relations sexuelles pendant les jours les plus fertiles pour favoriser la fécondation par les spermatozoïdes portant un chromosome X.

- La méthode Ericsson : qui consiste à séparer les spermatozoïdes portant un chromosome X des spermatozoïdes portant un chromosome Y, puis à utiliser les spermatozoïdes portant un chromosome X pour la fécondation in vitro.

BabyStep Concevoir en toute sérénité

Les étapes clés pour devenir parents

La conception implique la rencontre et la fécondation d'un ovule par un spermatozoïde. La fécondation se produit généralement dans les trompes de Fallope, les conduits qui relient les ovaires à l'utérus.

Pour concevoir un enfant, il est important d'avoir des relations sexuelles pendant les jours les plus fertiles de votre cycle menstruel. Les jours les plus fertiles sont généralement les jours autour de l'ovulation, lorsque l'ovule est libéré de l'ovaire et peut être fertilisé par un spermatozoïde.

Il existe plusieurs moyens de déterminer les jours les plus fertiles de votre cycle, notamment en utilisant un calendrier de fertilité, un test d'ovulation ou en surveillant les signes physiques de l'ovulation tels que la température corporelle et les changements dans les sécrétions cervicales.

Devenir parent est un processus passionnant qui peut être rempli de joie, d'excitation et d'incertitude. Il existe plusieurs étapes clés à suivre pour devenir parent, que nous allons détailler ci-dessous.

La première étape est de déterminer si vous êtes prêt à devenir parent. Cela implique de réfléchir à vos responsabilités financières, émotionnelles et personnelles et de discuter avec votre partenaire de vos attentes et de vos préoccupations. Il est important de se rappeler que les enfants sont un engagement à long terme et que les décisions prises à ce stade peuvent avoir des conséquences importantes.

La deuxième étape est de consulter un médecin pour discuter de vos options de traitement de la fertilité. Cela peut inclure des tests de fertilité pour déterminer si vous avez des problèmes de santé qui peuvent affecter votre capacité à concevoir, ainsi que des options de traitement telles que l'insémination artificielle ou la fécondation in vitro. Il est important de discuter avec votre médecin des risques et des bénéfices de chaque option avant de prendre une décision.

La troisième étape est de prendre des mesures pour améliorer votre santé globale. Cela peut inclure des changements de style de vie tels que l'arrêt du tabac, la réduction de l'alcool, la perte de poids et l'exercice régulier, ainsi que la prise de vitamines et de minéraux spécifiques qui peuvent aider à augmenter votre fertilité.

La quatrième étape est de planifier les relations sexuelles en fonction de votre cycle menstruel. La plupart des femmes ont une période de fertilité de quelques jours par mois où il est plus probable de concevoir un enfant. En utilisant des outils tels que les tests d'ovulation ou les applications de suivi de la fertilité, vous pouvez déterminer les jours les plus propices pour avoir des relations sexuelles.

La cinquième étape est de prendre une décision sur la planification de la grossesse. Cela peut inclure des choix tels que l'utilisation de méthodes de contraception pour éviter une grossesse non désirée ou la planification pour une grossesse à un moment spécifique dans votre vie.

Se préparer à l'arrivée d'un enfant. Une fois que vous avez réussi à concevoir un enfant, il est important de se préparer à son arrivée. Cela peut inclure la préparation financière, la préparation de l'environnement de l'enfant et la préparation émotionnelle. Planifier les soins prénataux et de prendre les mesures nécessaires pour assurer la santé de l'enfant et de la mère.

Comprendre les chromosomes

X et Y

Les chromosomes sont des structures qui contiennent l'ADN d'un individu et qui déterminent ses caractéristiques génétiques. Il y a 46 chromosomes dans chaque cellule humaine, divisés en 23 paires. Les deux chromosomes de chaque paire sont appelés allèles, l'un hérité de la mère et l'autre du père.

Parmi ces chromosomes, les chromosomes sexuels X et Y sont les plus importants car ils déterminent le sexe de l'individu. Les femmes ont deux chromosomes X, tandis que les hommes ont un chromosome X et un chromosome Y. Lors de la fécondation, l'ovule fournit un chromosome X, tandis que le spermatozoïde fournit soit un chromosome X ou un chromosome Y. Si l'ovule est fertilisé par un spermatozoïde portant un chromosome X, le bébé sera une fille (XX). Si l'ovule est fertilisé par un spermatozoïde portant un chromosome Y, le bébé sera un garçon (XY).

Les chromosomes X et Y ont également des rôles importants dans la régulation de nombreux gènes impliqués dans la croissance et le développement, ainsi que dans le fonctionnement des organes et des systèmes du corps. Certaines maladies génétiques, comme la trisomie X et la déficience en X fragile, sont liées à des anomalies du chromosome X. Les maladies liées à des anomalies du chromosome Y sont assez rares mais existent tout de même.

Il est important de noter que, bien qu'il existe des méthodes de planification familiale qui augmenter les chances de concevoir un bébé de sexe féminin ou masculin en favorisant les spermatozoïdes portant un chromosome X ou Y respectivement, il n'y a pas de méthodes fiables ou scientifiquement prouvées pour choisir le sexe d'un bébé lors de la conception. Il est donc important de se concentrer sur la santé et le bien-être de la mère et de l'enfant à venir, plutôt que sur le sexe spécifique de l'enfant.

Les chromosomes X et Y ont des régions qui ne sont pas homologues, c'est-à-dire des régions qui n'ont pas de correspondance directe entre eux. Ces régions sont appelées régions non recombinantes et contiennent des gènes qui sont spécifiques à chaque chromosome. Les gènes sur le chromosome Y sont principalement impliqués dans la différenciation sexuelle et le développement des organes génitaux masculins. Les gènes sur le chromosome X sont impliqués dans de nombreux processus tels que la croissance et le développement, la fonction des organes et des systèmes, ainsi que la régulation de la fonction hormonale.

En résumé, les chromosomes X et Y sont les chromosomes sexuels qui déterminent le sexe d'un individu. Ils ont des régions qui ne sont pas homologues et des régions qui sont homologues et jouent un rôle important dans la régulation de nombreux gènes impliqués dans la croissance, le développement, la fonction des organes et des systèmes et la régulation de la fonction hormonale. Il est important de noter qu'il n'y a pas de méthodes fiables ou scientifiquement prouvées pour choisir le sexe d'un bébé lors de la conception. Il est donc important de se concentrer sur la santé et le bien-être de la mère et de l'enfant à venir.

Test pour l'hormone lutéinisante

L'hormone lutéinisante (LH) est produite par l'hypothalamus et la glande pituitaire. Chez les femmes, elle est responsable de la maturation des ovules et de la libération d'un ovule à partir des ovaires (ovulation). Chez les hommes, elle est responsable de la production de testostérone par les testicules.

Les tests d'hormone lutéinisante (LH) sont utilisés pour détecter les fluctuations de cette hormone dans le corps. Ils peuvent être utilisés pour identifier les moments les plus fertiles chez les femmes, pour diagnostiquer des troubles de la reproduction et des déséquilibres hormonaux chez les hommes et les femmes.

Les tests d'ovulation LH peuvent être utilisés pour identifier le pic d'ovulation en mesurant les niveaux d'hormone dans l'urine. Ces tests peuvent être achetés en pharmacie et sont généralement simples à utiliser à la maison.

Les niveaux élevés d'hormone lutéinisante peuvent également être utilisés pour diagnostiquer des troubles de la reproduction tels que l'infertilité et la ménopause précoce. Les niveaux anormalement élevés d'hormone lutéinisante peuvent indiquer une ovulation irrégulière ou un déséquilibre hormonal, ce qui peut rendre la conception plus difficile. Les niveaux bas d'hormone lutéinisante peuvent indiquer un trouble de la glande pituitaire, qui est responsable de la production d'hormones.

Chez les hommes, les niveaux d'hormone lutéinisante sont responsables de la production de testostérone. Les niveaux anormalement bas d'hormone lutéinisante peuvent indiquer une carence en testostérone, qui peut causer des troubles de la reproduction tels que l'infertilité et la dysfonction érectile.

Il est important de noter que les résultats des tests d'hormone lutéinisante doivent être interprétés par un médecin ou un professionnel de la santé, car ils peuvent être affectés par d'autres facteurs tels que le stress, les médicaments et les maladies sous-jacentes. Il est donc important de consulter un médecin pour obtenir des conseils personnalisés et pour interpréter les résultats des tests pour un suivi adéquat.

Les tests d'ovulation LH sont généralement simples à utiliser. Ils se présentent généralement sous forme de bandelettes de test ou de stylos de test, et ils fonctionnent en mesurant les niveaux d'hormone lutéinisante dans l'urine.

Voici les étapes générales pour utiliser un test d'ovulation LH :

1. Lire attentivement les instructions du fabricant pour s'assurer de comprendre comment utiliser correctement le test.

2. Collecter un échantillon d'urine dans un récipient propre et sec. Il est généralement recommandé de collecter l'urine du matin car elle est plus concentrée et donc plus facile à analyser.

3. Immerger la bandelette de test ou le stylo de test dans l'échantillon d'urine pendant la durée indiquée dans les instructions.

4. Attendre les résultats indiqués dans les instructions du fabricant, généralement entre 1 et 5 minutes.

5. Interpréter les résultats en comparant la couleur ou la luminosité de la bandelette ou du stylo de test avec les résultats de contrôle indiqués sur l'emballage.

Comprendre l'origine des méthodes de planification de la grossesse

Certaines méthodes de planification familiale naturelle, comme la méthode Shettles ou la méthode Ericsson, prétendent augmenter les chances de concevoir un bébé de sexe féminin ou masculin en fonction de l'heure et des positions de l'ovulation et de la relation sexuelle.

Il existe également des méthodes de sélection du sexe en laboratoire, comme la sélection des spermatozoïdes par électrophorèse, qui prétendent augmenter les chances de concevoir un bébé de sexe spécifique en sélectionnant les spermatozoïdes portant un chromosome X ou Y. Cependant, ces méthodes sont coûteuses et pas toujours fiables et sont souvent considérées comme éthiquement controversées.

Dans certains pays, la sélection du sexe de l'enfant est illégale ou réglementée, en raison des préoccupations éthiques et des risques pour la santé publique. Il est donc important de se renseigner sur les lois et les règlementations en vigueur dans votre région avant de prendre une décision concernant la sélection du sexe de l'enfant.

Méthode de planification familiale naturelle

La planification familiale naturelle est une méthode utilisée pour prévenir une grossesse non désirée en identifiant les jours les plus fertiles d'une femme. Il existe plusieurs méthodes de planification familiale naturelle, chacune ayant ses propres avantages et inconvénients. Voici quelques-unes des méthodes les plus courantes :

1. La méthode de la température basale : cette méthode consiste à prendre la température de la femme tous les matins avant de se lever et à la noter sur un graphique. La température augmente légèrement après l'ovulation, ce qui permet de déterminer les jours les plus fertiles.

2. La méthode des signes de fertilité : cette méthode consiste à surveiller les signes physiques de l'ovulation, tels que la glaire cervicale et la position du col de l'utérus. Les femmes peuvent apprendre à reconnaître ces signes et à les utiliser pour déterminer les jours les plus fertiles.

3. La méthode du calendrier : cette méthode consiste à utiliser un calendrier pour suivre les cycles menstruels de la femme et à déterminer les jours les plus fertiles en se basant sur la longueur moyenne des cycles.

4. La méthode symptothermique : cette méthode combine plusieurs des méthodes mentionnées ci-dessus en utilisant la température basale, les signes de fertilité et le calendrier pour identifier les jours les plus fertiles. Cette méthode est considérée comme l'une des méthodes les plus fiables de planification familiale naturelle.

5. Il est important de noter que, bien que ces méthodes de planification familiale naturelle soient considérées comme des options efficaces pour prévenir une grossesse non désirée, elles ne garantissent pas une

protection à 100% contre une grossesse. Il est donc important de consulter un médecin pour discuter des options de contraception supplémentaires pour assurer une protection adéquate.

6. En outre, il est important de souligner que la planification familiale naturelle n'est pas adaptée à toutes les femmes, notamment celles qui ont des cycles menstruels irréguliers ou qui ont des problèmes de santé qui peuvent affecter la fertilité. Il est donc important de consulter un médecin pour discuter de la meilleure méthode de planification familiale en fonction de vos besoins individuels.

La méthode Shettles

La méthode Shettles est une méthode de planification familiale naturelle qui prétend augmenter les chances de concevoir un bébé de sexe spécifique en fonction de l'heure et de la position de l'ovulation et de la relation sexuelle. Cette méthode a été développée par le Dr Landrum Shettles dans les années 1960 et est basée sur l'idée que les spermatozoïdes portant un chromosome X (qui donnent lieu à une fille) sont plus lents et plus résistants que les spermatozoïdes portant un chromosome Y (qui donnent lieu à un garçon).

Selon la méthode Shettles, pour concevoir une fille, il est recommandé d'avoir des relations sexuelles à l'approche de l'ovulation, car les spermatozoïdes portant un chromosome X ont une durée de vie plus longue et peuvent rester actifs dans le tractus génital pendant plusieurs jours. Il est également recommandé d'utiliser des positions de rapport sexuel qui permettent à la semence d'être éjectée loin de l'entrée de l'utérus, car les spermatozoïdes portant un chromosome Y sont plus rapides et peuvent parcourir la distance plus rapidement.

Pour concevoir un garçon, il est recommandé d'avoir des relations sexuelles plusieurs jours avant l'ovulation, car les spermatozoïdes portant un chromosome Y ont une durée de vie plus courte et peuvent être plus susceptibles d'atteindre l'ovule avant que les spermatozoïdes portant un chromosome X ne meurent. Il est également recommandé d'utiliser des positions de rapport sexuel qui permettent à la semence d'être éjectée près de l'entrée de l'utérus, car les spermatozoïdes portant un chromosome Y sont plus rapides et peuvent parcourir la distance plus rapidement.

<u>**La méthode Whelan**</u>

La méthode Whelan est une méthode de planification familiale naturelle qui prétend augmenter les chances de concevoir un bébé de sexe spécifique en fonction de l'heure et de la position de l'ovulation et de la relation sexuelle. Cette méthode a été développée par Elizabeth Whelan dans les années 1980 et est basée sur l'idée que les spermatozoïdes portant un chromosome X (qui donnent lieu à une fille) et Y (qui donnent lieu à un garçon) ont des cycles différents de survie et de mouvement en fonction de la température corporelle.

Selon la méthode Whelan, pour concevoir une fille, il est recommandé d'avoir des relations sexuelles pendant les jours les plus froids de la phase fertile de la femme, c'est-à-dire 3 jours avant l'ovulation. La température corporelle étant plus basse, les spermatozoïdes Y seraient moins actifs et moins enclins à atteindre l'ovule.

Pour concevoir un garçon, il est recommandé d'avoir des relations sexuelles pendant les jours les plus chauds de la phase fertile de la femme, c'est-à-dire le jour de l'ovulation. La température corporelle étant plus élevée, les spermatozoïdes Y seraient plus actifs et plus enclins à atteindre l'ovule.

Comprendre son cycle menstruel

1- Prise de température

La méthode de la température basale est une méthode de planification familiale naturelle qui utilise la surveillance de la température corporelle pour identifier les jours les plus fertiles d'une femme. Cette méthode repose sur le fait que la température corporelle d'une femme augmente légèrement après l'ovulation. En suivant cette augmentation de température sur un graphique, il est possible de déterminer les jours les plus fertiles et, par conséquent, d'éviter ou de planifier les relations sexuelles pour éviter une grossesse non désirée.

Pour utiliser cette méthode, la femme doit prendre sa température tous les matins avant de se lever, en utilisant un thermomètre de basal (spécifique pour cette méthode) ou un thermomètre électronique oral. La température est ensuite notée sur un graphique, qui permet de suivre les variations de température au fil des jours. Lorsque la température augmente, cela indique que l'ovulation a eu lieu et que les jours les plus fertiles ont été atteints.

Pour être efficace, cette méthode nécessite une certaine rigueur et une bonne discipline pour prendre la température tous les matins, avant de se lever, et de noter les résultats sur un graphique. Il est également important de noter que cette méthode peut ne pas être adaptée à toutes les femmes, notamment celles qui ont des cycles menstruels irréguliers ou qui ont des problèmes de santé qui peuvent affecter la température corporelle. Il est donc important de consulter un médecin pour discuter de la meilleure méthode de planification familiale en fonction de vos besoins individuels.

2- Signes de fertilité

La méthode des signes de fertilité est une méthode de planification familiale naturelle qui utilise les signes physiques de la fertilité pour identifier les jours les plus fertiles d'une femme. Cette méthode repose sur l'observation de plusieurs signes de fertilité, tels que la glaire cervicale, la texture et la position du col de l'utérus, et la température corporelle pour déterminer les jours les plus propices à la conception.

La glaire cervicale, produite par les glandes de l'utérus, change de texture et de quantité au cours du cycle menstruel. Au début du cycle, la glaire est généralement sèche et peu abondante, mais elle devient plus abondante et plus élastique à mesure que l'ovulation approche. La texture et la quantité de la glaire cervicale peuvent être observées en utilisant des doigts propres pour la recueillir et la décrire.

La position et la texture du col de l'utérus peuvent également varier au cours du cycle menstruel. Avant l'ovulation, le col de l'utérus est généralement fermé, ferme et sec, tandis qu'après l'ovulation, il devient plus ouvert, plus mou et plus humide. Ces changements peuvent être observés en utilisant les doigts pour palper le col de l'utérus.

3- Calendrier

La méthode du calendrier est une méthode de planification familiale naturelle qui utilise les informations sur les cycles menstruels pour identifier les jours les plus fertiles d'une femme. Cette méthode repose sur l'idée que la durée des cycles menstruels est généralement régulière et que l'ovulation a lieu environ 14 jours avant la date prévue des prochaines règles.

Pour utiliser cette méthode, il est important de noter la date de début de chaque cycle menstruel pendant au moins un an. En utilisant ces informations, il est possible de déterminer la durée moyenne des cycles et de prévoir la date prévue de l'ovulation. Les jours les plus fertiles sont alors considérés comme étant les cinq jours précédant l'ovulation, car les spermatozoïdes peuvent survivre jusqu'à cinq jours dans les voies génitales féminines.

4- Symptothermique

La méthode symptothermique est une méthode de contraception naturelle qui permet aux femmes de déterminer les jours de leur cycle où elles sont les plus fertiles, afin d'éviter ou de planifier une grossesse. Elle repose sur l'observation et l'enregistrement quotidien de différents signes physiologiques, tels que la température basale, les pertes cervicales et la consistance cervicale.

La température basale est la température corporelle mesurée à l'aube, avant toute activité

BabyStep Concevoir en toute sérénité

physique ou avant de se lever. Elle est généralement plus basse pendant les premiers jours du cycle, puis augmente après l'ovulation, en raison de la libération d'une hormone appelée progestérone. Les femmes qui utilisent la méthode symptothermique enregistrent leur température basale chaque jour et cherchent des hausses de température qui indiquent l'ovulation.

Les pertes cervicales sont les sécrétions produites par le col de l'utérus. Elles varient en quantité et en consistance au cours du cycle. Au début du cycle, elles sont généralement sèches et peu abondantes, mais deviennent plus épaisses et plus abondantes après l'ovulation, en raison de l'augmentation de la progestérone. Les femmes qui utilisent la méthode symptothermique observent et enregistrent les pertes cervicales et cherchent des changements de consistance qui indiquent l'ovulation.

La consistance cervicale est la texture du col de l'utérus. Elle varie également au cours du cycle, devenant plus ferme et plus fermée après l'ovulation, en raison de l'augmentation de la progestérone. Les femmes qui utilisent la méthode symptothermique peuvent également vérifier la consistance cervicale en touchant le col de l'utérus avec un doigt et en notant si elle est plus ferme ou plus molle.

La méthode symptothermique est une méthode de contraception naturelle qui permet aux femmes de déterminer les jours de leur cycle où elles sont les plus fertiles, afin d'éviter ou de planifier une grossesse.

La symptothermique n'est pas adaptée à toutes les femmes. Les femmes qui ont des cycles irréguliers, qui prennent certains médicaments ou qui ont des troubles hormonaux ne devraient pas utiliser cette méthode. De même, les femmes qui ont des problèmes de santé tels que le diabète ou des antécédents de maladies cardiaques devraient consulter un professionnel de la santé avant de décider d'utiliser cette méthode.

La méthode symptothermique est considérée comme l'une des méthodes les plus fiables de planification familiale naturelle, avec des taux de réussite élevés. Elle est particulièrement adaptée aux femmes ayant des cycles menstruels réguliers, mais peut être utilisée par toutes les femmes.

La méthode symptothermique a été développée dans les années 1970 par des médecins et des chercheurs en gynécologie et en gynécologie obstétrique, et a été largement étudiée depuis. Les études scientifiques montrent que lorsqu'elle est utilisée correctement, la méthode symptothermique peut avoir des taux de réussite élevés pour éviter une grossesse non désirée.

Une étude menée en 2000 a montré que parmi les utilisatrices de la méthode symptothermique formées, moins de 1% ont connu une grossesse non désirée au cours de l'année suivant la formation. Une autre étude menée en 2014 a montré que parmi les utilisatrices de la méthode symptothermique, moins de 2% ont connu une grossesse non désirée au cours des 12 premiers mois d'utilisation. Ces taux de réussite sont comparables à ceux des méthodes de contraception hormonales modernes.

De plus, des études scientifiques ont montré que la méthode symptothermique peut aider les couples à concevoir en identifiant les jours les plus fertiles d'une femme. Une étude menée en 2016 a montré que parmi les couples utilisant la méthode symptothermique pour concevoir, plus de la moitié ont réussi à concevoir au cours des six premiers mois d'utilisation.

Suivre son cycle menstruel

Il existe plusieurs moyens de suivre et de comprendre son cycle menstruel. Voici quelques informations à considérer :

Utilisation d'un calendrier ou d'une application de suivi menstruel : Il est possible de noter la date de début et de fin de chaque cycle menstruel sur un calendrier ou en utilisant une application dédiée. Cela permet de suivre la durée de chaque cycle et de détecter toute anomalie.

Mesure de la température basale : La température basale est la température corporelle au repos, mesurée le matin avant de se lever. Cette température augmente légèrement après l'ovulation, indiquant ainsi le moment de l'ovulation.

Suivi de la glaire cervicale : La glaire cervicale change au cours du cycle menstruel. Elle est généralement sèche et épaisse avant l'ovulation, et devient plus humide et plus élastique après l'ovulation. Ce changement peut être suivi à l'aide d'un thermomètre de glaire cervicale ou simplement en observant les modifications de glaire cervicale.

Utilisation de tests d'ovulation : Il existe des tests d'ovulation en vente libre qui peuvent détecter l'hormone lutéinisante (LH) dans l'urine, indiquant ainsi l'ovulation.

Chaque cycle menstruel est unique et peut varier d'une personne à l'autre. Il est donc important de consulter un médecin si vous remarquez des anomalies ou des problèmes de santé gynécologiques.

En comprenant son cycle menstruel, on peut mieux planifier les activités, éviter les situations stressantes, anticiper les douleurs et le saignement, et même planifier une grossesse. Il est également très utile pour identifier les troubles menstruels et pour évaluer l'efficacité des traitements. Il est important de noter que la durée normale d'un cycle menstruel est généralement de 28 jours, mais cela peut varier d'une personne à l'autre. Certains cycles peuvent durer de 21 à 35 jours et cela est considéré comme normal. Il est également important de noter que la durée normale de la période menstruelle est généralement de 3 à 7 jours, mais cela peut varier d'une personne à l'autre.

Les symptômes prémenstruels (SPM) peuvent varier d'une personne à l'autre et peuvent inclure des douleurs abdominales, des ballonnements, de la fatigue, de l'irritabilité, des sautes d'humeur, des changements d'appétit et des changements de poids.

Les cycles menstruels peuvent être affectés par de nombreux facteurs tels que le stress, les changements hormonaux, les maladies, les médicaments, la perte ou le gain de poids et d'autres facteurs de style de vie.

Il est important de consulter un médecin si vous remarquez des anomalies ou des problèmes de santé gynécologiques tels que des saignements anormaux, des douleurs abdominales intenses, des cycles irréguliers, des saignements entre les périodes ou des saignements après la ménopause.

Les étapes clés pour devenir parents

La conception d'un bébé est un processus complexe qui nécessite la fécondation de l'ovule par un spermatozoïde. Il existe plusieurs facteurs qui peuvent influencer la capacité d'un couple à concevoir un bébé, tels que la santé reproductive, l'âge, les maladies et les facteurs de style de vie.

Voici quelques étapes pour augmenter les chances de concevoir un bébé :

Suivre son cycle menstruel : Il est important de comprendre son cycle menstruel pour savoir quand l'ovulation a lieu et planifier les relations sexuelles en conséquence.

Avoir des relations sexuelles régulières : Il est important d'avoir des relations sexuelles régulièrement, surtout pendant la période fertile, pour augmenter les chances de concevoir un bébé.

Adopter une alimentation saine : Une alimentation saine et équilibrée peut améliorer la qualité des ovules et des spermatozoïdes, augmentant ainsi les chances de concevoir un bébé.

Maintenir un poids santé : L'obésité ou la perte de poids excessive peut influencer la capacité d'un couple à concevoir un bébé. Il est donc important de maintenir un poids santé.

Éviter les facteurs de risque : Il est important d'éviter les facteurs de risque tels que le tabagisme, la consommation d'alcool, l'exposition aux pesticides et aux produits chimiques, et le stress excessif.

Consultation médicale : Si vous et votre partenaire rencontrez des difficultés à concevoir un bébé, il est important de consulter un médecin pour discuter des options de traitement.

Il est important de rappeler qu'il peut prendre un certain temps pour concevoir un bébé et que la patience est essentielle. Il est également important de se rappeler que chaque enfant est une bénédiction unique, et il est important de respecter

BabyStep Concevoir en toute sérénité

et d'accepter toutes les options de traitement qui peuvent être proposées pour aider à concevoir un bébé.

Pour certaines personnes, la conception peut être plus difficile en raison de facteurs tels que des troubles de l'ovulation, des anomalies de la trompe de Fallope, des problèmes de sperme ou des problèmes de santé générale. Dans ces cas, il peut être nécessaire de recourir à des traitements de fertilité tels que l'insémination artificielle, la fécondation in vitro (FIV) ou la méthode de la gestation pour autrui (GPA). Il est important de discuter avec un médecin pour évaluer les options de traitement et les risques potentiels.

La santé mentale est importante pendant ce processus, et il est important de prendre soin de soi et de son partenaire en termes de soutien émotionnel. Si vous rencontrez des difficultés émotionnelles, il est important de consulter un professionnel de la santé mentale pour discuter des options de soutien.

La conception n'est pas toujours possible pour tous les couples et il est important de respecter et d'accepter toutes les options de parcours de vie, y compris l'adoption ou la vie sans enfant. Il est important de ne pas se sentir coupable ou déçu si la conception ne se produit pas, mais plutôt de se concentrer sur les autres aspects de la vie qui sont importants et de se rappeler que chaque famille est unique et spéciale dans sa propre façon.

Les compléments pour augmenter les chances de fécondation

Il existe plusieurs compléments alimentaires qui peuvent être pris pour augmenter les chances de fécondation, mais il est important de noter que cela dépend de la situation spécifique de chaque individu et il est important de consulter un médecin avant de prendre tout type de compléments. Voici quelques compléments couramment utilisés :

1. Acide folique : L'acide folique est un nutriment important pour la santé reproductive, il est souvent recommandé aux femmes qui cherchent à tomber enceinte de prendre de l'acide folique pour prévenir les malformations congénitales.

2. Omega-3 : Les acides gras oméga-3 peuvent améliorer la qualité des ovules et des spermatozoïdes, augmentant ainsi les chances de fécondation.

3. Coenzyme Q10 : La coenzyme Q10 peut améliorer la qualité des ovules et des spermatozoïdes et augmenter les chances de fécondation.

4. Antioxydants : Les antioxydants tels que les vitamines C et E peuvent protéger les cellules reproductrices contre les dommages oxydatifs, augmentant ainsi les chances de fécondation.

5. DHEA : La DHEA est une hormone produite par les glandes surrénales qui peut améliorer la qualité des ovules et des spermatozoïdes et augmenter les chances de fécondation

Concevoir un garçon

Une alimentation riche en aliments alcalins tels que les légumes verts et les fruits est recommandée pour augmenter les chances de concevoir un garçon. Selon elle, les spermatozoïdes portant un chromosome Y (qui donnent naissance à des garçons) sont plus sensibles à l'acidité et ont besoin d'un environnement plus alcalin pour survivre. Il est donc recommandé d'éviter les aliments acides tels que les produits laitiers et les céréales.

Voici quelques exemples d'aliments recommandés pour augmenter les chances de concevoir un garçon :

- *Légumes verts tels que les épinards, le chou frisé, le brocoli et le chou-fleur, les carottes, les betteraves et les radis*
- *Fruits tels que les pommes, les oranges, les bananes et les fraises*

- *Légumineuses comme les haricots, les pois et les lentilles*
- *Noix et graines comme les amandes, les graines de tournesol et les graines de lin*
- *Poissons gras tels que le saumon, la truite et les sardines*
- *Huile d'olive et avocat*
- *Viandes et charcuteries*
- *Sel*
- *Thés et cafés*
- *Pains et pâtisseries sans laitage*

3 mois avant la procréation : Avoir un calendrier stable de votre cycle d'ovulation, un régime alimentaire riche en sodium et potassium. Manger salé, plus de viandes et poissons, vous avez le droit à tous sauf les produits laitiers et boire de l'eau du robinet ou classique. Eviter tous les produits acides comme le citron, vinaigre… Votre Ph doit être supérieur à 7. Complément en comprimé l'acide folique, acido-basique (permet d'équilibrer le Ph).

Le meilleur moment pour concevoir un garçon est le jour même de l'ovulation jusqu'à la fin de l'ovulation. La meilleure position est la levrette et une éjaculation profonde, pour les femmes pas de contre-indication. Il n'y a pas de limite de rapport sexuel. Il est recommandé de ne pas avoir de rapport à partir du 1er jour des règles jusqu'à l'ovulation, pour garder sa concentration et sa qualité des spermatozoïdes.

Cela est basé sur l'idée que les spermatozoïdes Y (qui donnent naissance à des garçons) sont plus rapides mais plus fragiles que les spermatozoïdes X (qui donnent naissance à des filles). En planifiant les relations sexuelles à proximité de l'ovulation, les spermatozoïdes Y auront moins de temps pour mourir avant d'atteindre l'ovule, augmentant ainsi les chances de fécondation avec un spermatozoïde Y.

Pour augmenter vos chances d'avoir un garçon, c'est de boire de la caféine 30 minutes avant de faire l'amour (couple) et pour la femme de faire une toilette intime ou une douche avec cette dilution (1 litre d'eau et 2 cuillères de soupe bicarbonate de soude mélanger le tout) utiliser cette dilution avant l'acte, permet d'avoir un environnement alcalin.

Une alimentation riche en aliments acides tels que les produits laitiers, les céréales et les fruits rouges est recommandée pour augmenter les chances de concevoir une fille. Selon elle, les spermatozoïdes portant un chromosome X (qui donnent naissance à des filles) sont plus résistants à l'acidité et ont besoin d'un environnement plus acide pour survivre. Il est donc recommandé d'éviter les aliments alcalins tels que les légumes verts et les fruits.

Voici quelques exemples d'aliments recommandés pour augmenter les chances de concevoir une fille :

- *Produits laitiers tels que le lait, le yogourt et le fromage*
- *Céréales comme le riz, le blé et l'avoine*
- *Fruits rouges tels que les cerises, les fraises et les framboises*

- *Volailles*
- *Œufs*
- *Produits cuits au four ou grillés*
- *Vinaigrettes et sauces acides*
- *Pains, et tous les produits sans sel*

4 mois avant la procréation : Avoir un calendrier stable de votre cycle d'ovulation, un régime alimentaire pauvre en sel voir pas du tout, riche en magnésium et calcium, peut de viande et poisson pour augmenter le Ph. Faire une cure des compléments en comprimés : acide folique, cranberry (haute concentration), magnésium, calcium, boire du lait et produit laitier tous les jours et de l'eau minéral.

Maintenant vous êtes prête à concevoir une fille. A savoir que les spermatozoïdes peuvent survivre jusqu'à 5 jours dans l'utérus.

Voici les étapes :

1-(1er mois) Ne pas avoir de rapport après les règles jusqu'à J-5 avant l'ovulation, le rapport se fait 5 jours avant l'ovulation et une seul fois seulement, en position missionnaire, l'éjaculation ne doit pas être profonde lors de l'éjaculation des spermatozoïdes et la femme de doit pas avoir d'orgasme car il peut propulser les spermatozoïdes vers l'utérus. Une fois le rapport fait à J-5, plus de rapport jusqu'à 5 jours après le cycle d'ovulation.

Si cela n'a pas fonctionner, on passe à la 2eme étape.

2-(2ᵉ mois) Ne pas avoir de rapport après les règles jusqu'à J-4 avant l'ovulation, le rapport se fait 4 jours avant l'ovulation et une seul fois seulement, en position missionnaire, l'éjaculation ne doit pas être profonde et la femme de doit pas avoir d'orgasme car il peut propulser les spermatozoïdes vers l'utérus. Une fois le rapport fait à J-4, plus de rapport jusqu'à 5 jours après le cycle d'ovulation.

Si cela n'a pas fonctionner, on passe à la 3eme étape.

3-(3ᵉ mois) Ne pas avoir de rapport après les règles jusqu'à J-3 avant l'ovulation, le rapport se fait 3 jours avant l'ovulation et une seul fois seulement, en position missionnaire, l'éjaculation ne doit pas être profonde et la femme de doit pas avoir d'orgasme car il peut propulser les spermatozoïdes vers l'utérus. Une fois le rapport fait à J-3, plus de rapport jusqu'à 5 jours après le cycle d'ovulation.

Si cela n'a pas fonctionner, on passe à la 4eme étape

4-(4ᵉ mois) Ne pas avoir de rapport après les règles jusqu'à J-2 avant l'ovulation, le rapport se fait 2 jours avant l'ovulation et une seul fois seulement, en position missionnaire, l'éjaculation ne doit pas être profonde et la femme de doit pas avoir d'orgasme car il peut propulser les spermatozoïdes vers l'utérus. Une fois le rapport fait à J-2, plus de rapport jusqu'à 5 jours après le cycle d'ovulation.

Si cela n'a pas fonctionner, on passe à la 5eme et dernière étape

5-(5ᵉ mois) Ne pas avoir de rapport après les règles jusqu'à J-1 avant l'ovulation, le rapport se fait 1 jours avant l'ovulation et une seul fois seulement, en position missionnaire, l'éjaculation ne doit pas être profonde et la femme de doit pas avoir d'orgasme car il peut propulser les spermatozoïdes vers l'utérus. Une fois le rapport fait à J-1, plus de rapport jusqu'à 5 jours après le cycle d'ovulation.

Cela est basé sur l'idée que les spermatozoïdes X (qui donnent naissance à des filles) sont plus lents mais plus résistants que les spermatozoïdes Y (qui donnent naissance à des garçons). En planifiant les relations sexuelles à l'avance ou après l'ovulation, il y a plus de chances que les spermatozoïdes X atteignent l'ovule avant que les spermatozoïdes Y ne meurent, augmentant ainsi les chances de fécondation avec un spermatozoïde X.

Pour augmenter encore plus vos chances, faite une toilette intime ou une douche avec cette dilution (diluer dans une bouteille 1 litre d'eau et 2 cuillères à soupe de vinaigre) pour rendre plus acide le Ph vaginal avant le rapport sexuel.

Pour mieux comprendre :

Voici quelques conseils pour maximiser les chances de concevoir un enfant de sexe spécifique lors des rapports sexuels :

- Pour concevoir un garçon : il est recommandé d'avoir des relations sexuelles le jour de l'ovulation et pendant la durée de l'ovulation, car les spermatozoïdes Y (qui donnent naissance à des garçons) sont plus rapides mais plus fragiles. Il est également recommandé de maintenir un environnement vaginal alcalin avant et après les rapports sexuels, en évitant les aliments acides et en mangeant des aliments alcalins tels que les légumes verts et les fruits.

- Pour concevoir une fille : il est recommandé d'avoir des relations sexuelles trois jours avant l'ovulation avec un seul rapport et ne plus rien faire jusqu'à 5 jours après l'ovulation, car les spermatozoïdes X (qui donnent naissance à des filles) sont plus lents mais plus résistants. Il est également recommandé de maintenir un environnement vaginal acide avant et après les rapports sexuels, en évitant les aliments alcalins et en mangeant des aliments acides tels que les produits laitiers, les céréales et les fruits rouges.

La meilleure position
La position du missionnaire mais sans pénétration profonde lors de l'éjaculation est idéale pour avoir une fille. Il faut aussi éviter l'orgasme chez la femme car il peut propulser les spermatozoïdes vers l'utérus. La position levrette avec pénétration profonde et des rapports sexuel plus fréquent pour avoir un garçon.

Faq

Quel sont les tests d'ovulation ?

Il existe plusieurs types de tests d'ovulation disponibles sur le marché, qui peuvent aider les femmes à déterminer le moment de leur ovulation. Les tests d'ovulation les plus courants incluent :

1. Les tests d'ovulation urinaires : Ces tests détectent les niveaux d'hormone lutéinisante (LH) dans l'urine. L'augmentation soudaine de LH indique l'ovulation imminente. Les tests d'ovulation urinaires peuvent être achetés en pharmacie ou en ligne.

2. Les bandelettes d'ovulation : Ces bandelettes sont utilisées pour détecter les modifications de la glaire cervicale, qui changent en réponse à l'ovulation. Il est possible de les

utiliser pour identifier le moment de l'ovulation en observant les modifications de la glaire cervicale.

3. Moniteur d'ovulation : Ces dispositifs électroniques mesurent la température basale et détectent les changements hormonaux dans l'urine pour détecter l'ovulation.

4. Échographie : L'échographie peut être utilisée pour surveiller la croissance et la taille des follicules ovariens, indiquant ainsi le moment de l'ovulation.

Comment utiliser les bandelettes d'ovulation ?

Les bandelettes d'ovulation sont des outils utilisés pour détecter les changements dans les niveaux d'hormones qui se produisent lors de l'ovulation. Les bandelettes d'ovulation sont utilisées pour identifier les jours les plus fertiles d'une femme, ce qui peut augmenter les chances de concevoir un enfant.

Pour utiliser les bandelettes d'ovulation, vous devriez suivre ces étapes :

1. Achetez des bandelettes urinaire d'ovulation en pharmacie ou en ligne.

2. Lisez attentivement les instructions fournies avec les bandelettes d'ovulation.

3. Utilisez les bandelettes d'ovulation en suivant les instructions. Il est généralement nécessaire d'uriner sur la bandelette pour détecter les hormones.

Retirez la bandelette de son emballage et placez-la dans un récipient contenant un échantillon d'urine pendant environ 5 secondes.

Retirez la bandelette de l'urine et attendez quelques minutes pour que les résultats apparaissent

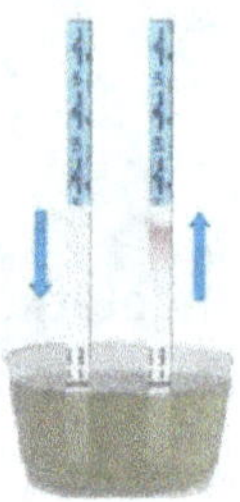

4. Interprétez les résultats de la bandelette en comparant la couleur de la bandelette à celle indiquée sur l'emballage. Si la couleur de la bandelette correspond à celle indiquée pour l'ovulation, cela signifie que vous êtes fertile.

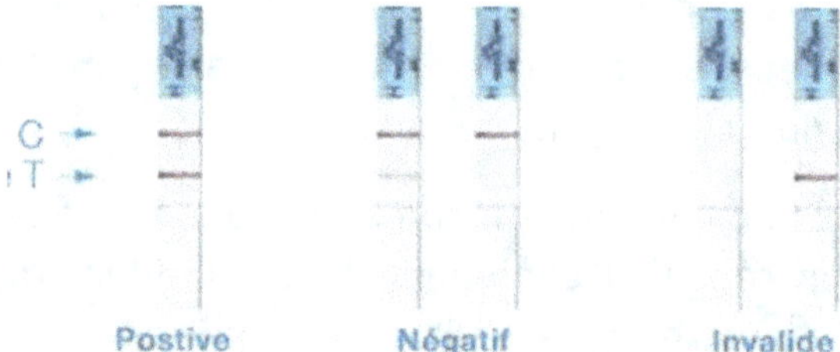

5. Notez les résultats de vos bandelettes d'ovulation sur un calendrier ou sur une application pour suivre vos cycles menstruels et détecter les jours les plus fertiles.

Voici un exemple de pic d'ovulation :

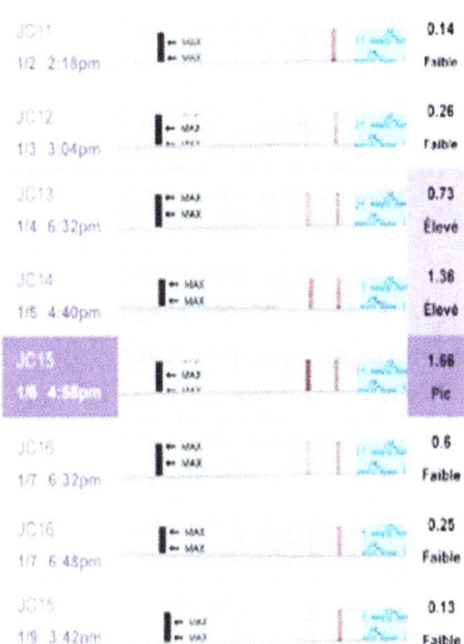

BabyStep Concevoir en toute sérénité

Voici comment interpréter les résultats de la bandelette d'ovulation en fonction de la couleur de la bande de test :

- Faible : Si la bande de test est légèrement colorée ou presque invisible, cela signifie que les niveaux d'hormone lutéinisante sont faibles et que vous n'êtes probablement pas dans votre période d'ovulation.

- Moyen : Si la bande de test est de couleur moyenne, cela signifie que les niveaux d'hormone lutéinisante sont modérés et que vous pourriez être proche de votre période d'ovulation.

- Sombre : Si la bande de test est foncée, cela signifie que les niveaux d'hormone lutéinisante sont élevés et que vous êtes probablement dans votre période d'ovulation. C'est le moment le plus fertile pour concevoir

- Plus sombre : Si la bande de test est plus foncée que la bande de contrôle, cela signifie que les niveaux d'hormone lutéinisante sont très élevés et que vous êtes en période

BabyStep Concevoir en toute sérénité

d'ovulation. C'est le moment le plus fertile pour concevoir.

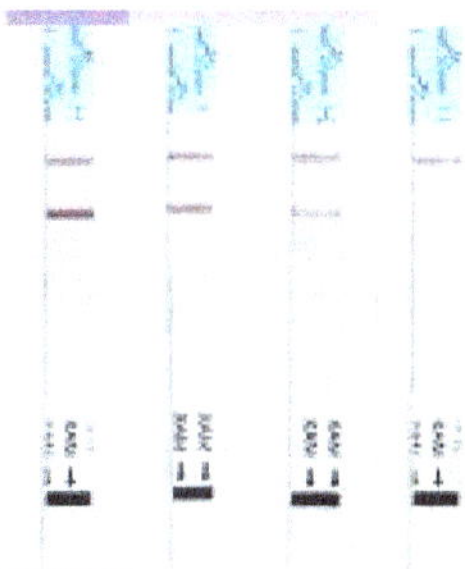

Peut-on utiliser un thermomètre ?

La réponse est oui

La mesure de la température basale est l'une des méthodes utilisées pour détecter l'ovulation dans la méthode symptothermique. Pour mesurer la température basale, vous devez utiliser un thermomètre spécialement conçu pour la mesure de la température basale, comme un thermomètre à mercure ou un thermomètre électronique. Il est important de suivre les instructions du fabricant pour utiliser correctement le thermomètre.

Pour mesurer la température basale, vous devez prendre votre température tous les matins avant de vous lever, dès que vous vous réveillez. Il est important de mesurer la température à la même heure chaque jour et de ne pas bouger avant de prendre la température. Il est également important de noter que les boissons et les aliments chauds, l'activité physique et même la conversation peuvent augmenter la température corporelle, il est donc important de rester calme et immobile pendant au moins cinq minutes avant de prendre la température.

Enregistrez la température dans un graphique ou un calendrier, et vous pourrez identifier une hausse de 0,2 à 0,5 degrés Fahrenheit, cela indique l'ovulation. Il est important de noter que cette hausse de température peut être observée seulement après l'ovulation, c'est pourquoi il est important de noter aussi d'autres signes de l'ovulation tels que les pertes cervicales et la consistance cervicale.

La température basale est généralement mesurée dans la bouche, le vagin ou l'aisselle. Il est important de choisir un emplacement et de s'y tenir pour les mesures quotidiennes afin d'obtenir des données comparables. La température vaginale est considérée comme étant la plus précise pour détecter l'ovulation, car elle est directement liée à la température de l'utérus.

Combien de temps dure la période d'ovulation ?

La période d'ovulation dure généralement entre 12 et 48 heures. Cependant, il est important de noter que la durée de l'ovulation peut varier d'une femme à l'autre et même d'un cycle à l'autre. Elle dépend de l'individu, de son âge, de son état de santé et de son cycle menstruel. L'ovulation est le moment où un ovule est libéré de l'ovaire et est prêt à être fertilisé. Cela se produit généralement à mi-cycle, c'est-à-dire environ 14 jours avant le début de la prochaine menstruation. Cependant, pour les femmes qui ont des cycles irréguliers, il peut être difficile de prédire avec précision le jour de l'ovulation. Il est donc important de surveiller les signes d'ovulation, tels que la température basale, les pertes cervicales et la consistance cervicale, pour déterminer les jours les plus fertiles de son cycle.

Application mobile pour suivre cycle d'ovulation

Il existe de nombreuses applications mobiles qui peuvent aider les femmes à suivre leur cycle d'ovulation. Ces applications peuvent être utilisées pour enregistrer les signes d'ovulation, tels que la température basale, les pertes cervicales et la consistance cervicale, et pour prévoir les jours les plus fertiles du cycle. Certaines des applications les plus populaires incluent :

1. Ovulation Calculator & Period Tracker : une application qui permet de suivre les cycles menstruels, les jours fertiles, les symptômes et les notes de santé.

2. Flo Period & Ovulation Tracker : une application qui utilise un algorithme avancé pour prévoir l'ovulation et les jours fertiles, et

qui offre également des conseils de santé et des rappels pour les rendez-vous médicaux.

3. Clue : une application qui suit les cycles menstruels, les symptômes et les notes de santé, et qui offre des rappels pour les rendez-vous médicaux et les médicaments.

4. Period Tracker, My Calendar : une application qui suit les cycles menstruels, les jours fertiles, les symptômes et les notes de santé, et qui offre des rappels pour les rendez-vous médicaux et les médicaments.

La fécondation in vitro

La fécondation in vitro (FIV) est une technique de procréation médicalement assistée qui consiste à fertiliser un ovocyte avec un spermatozoïde en dehors du corps de la femme. Lors de la FIV, les ovules sont prélevés sur les ovaires de la femme et fertilisés avec des spermatozoïdes dans un laboratoire. Les embryons ainsi formés sont ensuite transférés dans l'utérus de la femme dans l'espoir qu'ils s'y implantent et se développent en une grossesse viable.

La FIV est généralement utilisée pour traiter les troubles de la fertilité tels que l'infertilité masculine, la stérilité tubaire ou l'endométriose. Il peut également être utilisé pour aider les couples qui ont des problèmes de conception dus à des facteurs tels que l'âge avancé, des antécédents de chirurgie gynécologique ou des perturbations hormonales.

Le processus de FIV comprend plusieurs étapes, notamment la stimulation ovulatoire, l'aspiration des ovules, la fertilisation in vitro et le transfert des embryons. La stimulation ovulatoire est le processus par lequel les ovaires sont stimulés à produire plusieurs ovules matures plutôt qu'un seul. L'aspiration des ovules est le processus par lequel les ovules sont prélevés sur les ovaires de la femme. La fertilisation in vitro est le processus par lequel les ovules sont fertilisés avec des spermatozoïdes dans un laboratoire. Le transfert des embryons est le processus par lequel les embryons sont transférés dans l'utérus de la femme pour tenter d'obtenir une grossesse viable.

Il est important de noter que la FIV n'est pas efficace à 100% et que les taux de grossesse réussis varient en fonction de nombreux facteurs tels que l'âge de la femme, la cause de l'infertilité et la qualité des embryons. Il est également important de noter que la FIV peut entraîner des risques pour la santé et la sécurité de la mère et de l'enfant à venir, et il est donc important de discuter de ces risques avec un professionnel de la santé avant de décider de subir une FIV.

En résumé, la fécondation in vitro (FIV) est une technique de procréation médicalement assistée qui consiste à fertiliser un ovocyte avec un spermatozoïde en dehors du corps de la femme. Il est utilisé pour traiter les troubles de la fertilité et aider les couples qui ont des problèmes de conception. Le processus de FIV comprend plusieurs étapes, notamment la stimulation ovulatoire, l'aspiration des ovules, la fertilisation in vitro et le transfert des embryons.

Plusieurs pays pratique cette méthode, ainsi la plus renommée est la Turquie (choisir le sexe de l'enfant, la couleur des yeux, des cheveux et bien plus). A noter que cette pratique est interdite en France et dans certains pays.

Précautions à prendre pendant la grossesse

Il y a plusieurs précautions à prendre pendant la grossesse pour assurer la santé et le bien-être de la mère et de l'enfant à naître :

1. Suivi médical : Il est important de suivre les rendez-vous de contrôle prévus avec un médecin ou une sage-femme pour surveiller la santé de la mère et de l'enfant à naître, et pour discuter de tout problème ou inquiétude que vous pourriez avoir.

2. Alimentation saine : Il est important de manger une alimentation équilibrée et de prendre les suppléments de vitamines et de minéraux recommandés pour assurer une

bonne croissance et un développement de l'enfant à naître.

3. **Activité physique** : Il est important de continuer à faire de l'exercice régulièrement, mais en adaptant les activités aux besoins de la grossesse et en évitant les sports à haut risque.

4. **Repos suffisant** : Il est important de se reposer suffisamment pour éviter la fatigue excessive et pour aider à récupérer de l'énergie.

5. **Éviter les risques** : Il est important d'éviter les expositions à des substances potentiellement dangereuses telles que la fumée de cigarette, l'alcool et certains médicaments, ainsi que les rayonnements et les situations stressantes.

6. **Préparation à l'accouchement** : Il est important de se préparer à l'accouchement en discutant des options de naissance avec un médecin ou une sage-femme et en planifiant pour l'arrivée de bébé.

Précautions à prendre après l'accouchement

Il y a plusieurs précautions à prendre après l'accouchement pour assurer une récupération saine et en toute sécurité :

1. Repos : Il est important de se reposer suffisamment après l'accouchement pour aider à récupérer de l'énergie et permettre à votre corps de se remettre de l'accouchement.

2. Soins de l'incision césarienne : Si vous avez eu une césarienne, il est important de suivre les instructions de soins de l'incision données par votre médecin pour éviter toute infection ou complications.

3. Soins de la zone périnéale : après un accouchement vaginal, il est important de prendre soin de la zone périnéale en utilisant des glaçons et en prenant des bains de siège pour réduire l'inflammation et la douleur.

4. Alimentation : il est important de manger sainement pour récupérer les nutriments perdus pendant la grossesse et l'accouchement, et également d'allaiter si vous le souhaitez.

5. Contrôles médicaux : Il est important de suivre les rendez-vous de contrôle post-partum pour vérifier votre santé et celle de votre bébé, ainsi que pour discuter de tout problème ou inquiétude que vous pourriez avoir.

6. Prévention des infections : Il est important de se laver régulièrement les mains et de changer les couches de bébé régulièrement pour prévenir les infections.

7. Prévention de la dépression post-partum : Il est important de prendre soin de votre santé mentale en gérant le stress et en obtenant suffisamment de sommeil, et en discutant avec votre médecin ou un professionnel de

santé mentale si vous ressentez des symptômes de dépression post-partum.

8. Contraception : Il est important de discuter avec votre médecin des options de contraception disponibles pour vous, pour éviter une grossesse non désirée pendant la période de récupération.

Il est important de se rappeler que chaque femme a des besoins différents après l'accouchement, il est donc important de discuter de vos préoccupations avec votre médecin pour obtenir des conseils personnalisés.

Prendre soin de son bébé après l'accouchement

Il y a plusieurs conseils pour prendre soin d'un bébé après l'accouchement :

1. Allaitement : Si vous choisissez de nourrir votre bébé au sein, il est important de demander de l'aide et des conseils à un professionnel de la santé pour établir une bonne technique d'allaitement.

2. Nourriture : Si vous choisissez de nourrir votre bébé avec du lait en poudre ou du lait maternel, il est important de suivre les instructions de préparation et de dosage pour éviter tout risque de malnutrition.

3. Soins de base : Il est important de donner des soins de base tels que les bains, les

BabyStep Concevoir en toute sérénité

changements de couches et les soins de la peau pour maintenir une bonne hygiène et éviter les infections.

4. Sommeil : Il est important de mettre en place un horaire de sommeil régulier pour votre bébé et de créer un environnement de sommeil sûr pour éviter les risques de mort subite du nourrisson.

5. Stimulation : Il est important de stimuler votre bébé en lui parlant, en jouant avec lui et en l'emmenant en promenade pour stimuler son développement physique et intellectuel.

6. Suivi de santé : Il est important de suivre les rendez-vous de contrôle de santé pour vérifier que votre bébé est en bonne santé et pour discuter de tout problème ou inquiétude que vous pourriez avoir.

7. Soutien : Il est important de ne pas hésiter à demander de l'aide et du soutien à votre entourage pour vous aider à prendre soin de votre bébé et à vous reposer.

Voici un exemple de planification d'une journée pour le bien-être d'un bébé :

7h00 : Réveil et soins matinaux : Commencez la journée en donnant des soins de base à votre bébé, tels que le changement de couche, la toilette et l'habillage. Si vous allaitez, c'est le moment de donner le premier repas de la journée.

8h00 : Temps de jeu : Consacrez du temps pour jouer avec votre bébé en utilisant des jouets colorés et stimulants pour son développement physique et intellectuel.

9h00 : Promenade : Emmenez votre bébé en promenade pour lui permettre de découvrir de nouvelles choses et de prendre l'air frais.

10h00 : Temps de sommeil : Encouragez votre bébé à faire une sieste en créant un environnement de sommeil sûr et en utilisant une berceuse ou un berceau pour l'aider à s'endormir.

12h00 : Repas de midi : Donnez le repas de midi à votre bébé, en utilisant soit du lait maternel, soit du lait en poudre préparé selon les instructions.

13h00 : Temps de jeu : Consacrez encore du temps pour jouer avec votre bébé en utilisant des jouets différents pour stimuler son développement.

15h00 : Sieste : Encouragez votre bébé à faire une autre sieste pour qu'il puisse se reposer et se régénérer.

17h00 : Repas du soir : Donnez le repas du soir à votre bébé, en utilisant soit du lait maternel, soit du lait en poudre préparé selon les instructions.

18h00 : Temps de détente : Passer du temps en lisant des histoires, en écoutant de la musique ou en faisant des massages pour aider votre bébé à se détendre avant le coucher.

19h00 : Routine de coucher : Créez une routine de coucher pour votre bébé, en utilisant des techniques telles que le bercement, la berceuse ou la mélodie pour l'aider à s'endormir.

Il est important de noter que chaque bébé est différent et que cette planification peut varier selon les besoins de chaque bébé. Il est donc important de s'adapter à son propre rythme et de discuter de ses préoccupations avec un professionnel de la santé pour obtenir des conseils personnalisés.

BabyStep Concevoir en toute sérénité

Votre corps après un accouchement

Le temps de récupération après un accouchement varie d'une femme à l'autre. Certaines femmes peuvent se sentir assez bien pour reprendre leurs activités normales dans les quelques semaines suivant l'accouchement, tandis que d'autres peuvent avoir besoin de plusieurs mois pour se rétablir complètement.

Le corps a besoin de temps pour se remettre de l'accouchement, il est donc important de se donner suffisamment de temps pour se reposer et se rétablir avant de reprendre ses activités normales. Il est également important de suivre les instructions de son médecin pour s'assurer de ne pas trop forcer son corps et de ne pas aggraver les douleurs ou les complications éventuelles.

Il est généralement recommandé d'attendre au moins 6 à 8 semaines après un accouchement vaginal pour reprendre des activités normales. Pour les césariennes, il faut généralement attendre entre 6 à 12 semaines pour reprendre des activités normales. Cependant, il est important de discuter avec son médecin pour des recommandations personnalisées et de s'écouter attentivement pour éviter toutes complications.

Il existe des exercices spécifiques qui peuvent aider à réduire les douleurs et à retrouver la forme après un accouchement, notamment pour l'utérus. Ces exercices sont généralement appelés "exercices de récupération post-partum" ou "exercices de récupération de l'utérus » :

1. Kegel : Les exercices de Kegel consistent à contracter et relâcher les muscles du plancher pelvien pour renforcer les muscles de l'utérus, de la vessie et du rectum. Ces exercices peuvent aider à réduire les douleurs et les fuites urinaires post-partum.

2. Posture de la chaise : Cet exercice consiste à se tenir debout et à contracter les muscles de l'abdomen pour aider à redonner forme à l'utérus.

3. Allongement latéral : Cet exercice consiste à s'allonger sur le côté et à lever le genou vers la poitrine pour aider à étirer les muscles de l'abdomen et de l'utérus.

4. Flexion avant : Cet exercice consiste à se tenir debout et à se pencher en avant en pliant les genoux pour étirer les muscles de l'abdomen et de l'utérus.

La fertilité après bébé : planification de votre prochaine grossesse de joie

La fertilité après un bébé peut varier considérablement d'une femme à l'autre. Certaines femmes peuvent devenir de nouveau enceintes rapidement, tandis que d'autres peuvent avoir des difficultés à concevoir de nouveau. Il est important de comprendre que l'âge, les antécédents médicaux et les habitudes de vie peuvent tous avoir un impact sur la fertilité.

La planification d'une prochaine grossesse après avoir eu un bébé peut être remplie d'émotions et de questions. Il est important de considérer les facteurs de fertilité pour maximiser les chances de concevoir de nouveau et de garantir une grossesse en bonne santé.

La première étape est de discuter de vos plans de grossesse avec votre médecin. Il est important de discuter de l'intervalle de temps idéal entre les grossesses, ainsi que des options de traitement de la fertilité si vous éprouvez des difficultés à concevoir. Il est également important de discuter des risques potentiels pour la santé de la mère et de l'enfant lors d'une grossesse rapprochée.

La deuxième étape est de prendre soin de votre santé globale. Il est important de maintenir un poids santé, de manger une alimentation équilibrée et de faire régulièrement de l'exercice pour améliorer la qualité des ovules et des spermatozoïdes. Il est également important de traiter toute maladie chronique avant de concevoir, comme le diabète ou l'hypertension artérielle.

La troisième étape est de comprendre votre cycle menstruel. Il est important de connaître les jours les plus fertiles de votre cycle pour maximiser les chances de concevoir. Il est également important de discuter avec votre médecin des options de suivi de l'ovulation, comme les tests d'ovulation ou les moniteurs de fertilité.

La dernière étape est de prendre soin de soi émotionnellement. La planification d'une prochaine

BabyStep Concevoir en toute sérénité

grossesse peut être stressante et il est important de prendre le temps de se détendre et de se concentrer sur votre bien-être mental. Il est également important de discuter de vos émotions avec votre partenaire et de demander de l'aide si nécessaire.

En fin de compte, la planification d'un autre bébé est une décision personnelle qui doit être prise en tenant compte de vos besoins et de vos souhaits, ainsi que de vos considérations de santé et financières.

Calendrier pour noter et suivre vos cycles d'ovulation

LUNDI

MARDI

MERCREDI

JEUDI

VENDREDI

SAMEDI

DIMANCHE

BabyStep Concevoir en toute sérénité

LUNDI	MARDI	MERCREDI	JEUDI	VENDREDI	SAMEDI	DIMANCHE

BabyStep Concevoir en toute sérénité

LUNDI

MARDI

MERCREDI

JEUDI

VENDREDI

SAMEDI

DIMANCHE

BabyStep Concevoir en toute sérénité

LUNDI

MARDI

MERCREDI

JEUDI

VENDREDI

SAMEDI

DIMANCHE

LUNDI			
MARDI			
MERCREDI			
JEUDI			
VENDREDI			
SAMEDI			
DIMANCHE			

BabyStep Concevoir en toute sérénité

LUNDI

MARDI

MERCREDI

JEUDI

VENDREDI

SAMEDI

DIMANCHE

BabyStep Concevoir en toute sérénité

LUNDI

MARDI

MERCREDI

JEUDI

VENDREDI

SAMEDI

DIMANCHE

BabyStep Concevoir en toute sérénité

LUNDI	MARDI	MERCREDI	JEUDI	VENDREDI	SAMEDI	DIMANCHE

Ce livre vous présente une méthode basée sur des expériences vécues pour concevoir un bébé fille ou garçon. Cette méthode a été testée par des couples volontaires qui ont réussi à concevoir leur enfant souhaité. L'auteur a consacré plusieurs années de recherche en milieu médical sur les chromosomes et leurs milieux pour développer cette technique efficace. Cette méthode fonctionne si vous suivez à la règle le processus de réussite.

Auteur : NAAMANE S.